AF392971

BIOGRAPHIE

DE

ÉTIENNE PESNON

INAUGURATION

DU BUSTE DE

ÉTIENNE PESNON

DANS LA SALLE DE LA MAIRIE DE MONTREUIL (SEINE)

DISCOURS

Prononcé le 17 Juillet 1871

Par M. FRÉDÉRIC LEPÈRE, Adjoint

FAISANT FONCTIONS DE MAIRE

IMPRIMÉ

AUX FRAIS DE LA COMMUNE DE MONTREUIL

1871

FÉTE PATRONALE DE MONTREUIL, SEINE

— 1871 —

Messieurs du Conseil municipal,

Messieurs,

Les fêtes annuelles de Montreuil ont un caractère propre, une ressemblance frappante avec les meilleures fêtes de famille, grâce à l'homme de cœur dont vous contemplez ici l'image ; grâce aussi, je veux le dire, à la reconnaissance publique, à ce souvenir du bienfait reçu, qui est une vertu, et qui honore cette commune.

A voir aujourd'hui votre empressement, Messieurs, ne dirait-on pas que nous sommes ici pour rendre hommage à quelque grande mémoire de soldat, de savant, d'homme illustre ? Eh bien, non, la gloire n'a rien à voir ici. Nous fêtons un homme de bien, et cette illustration vaut toutes les autres.

Étienne Pesnon appartenait au vieux Montreuil, à ce sol que nos pères ont arrosé de leurs sueurs, et que leur travail opiniâtre a su rendre fécond et largement rémunérateur.

Aide-toi, le Ciel t'aidera; cette maxime, qui court les livres depuis des siècles, Montreuil l'a toujours mise en pratique, et voilà pourquoi, les efforts se produisant dans le même sens, les sueurs s'accumulant sur le sol, et l'épargne dans l'escarcelle, des fortunes considérables se sont formées ici, au grand jour, sans moyens équivoques, et permettent parfois à de simples cultivateurs de déployer une munificence toute princière.

Nous en venons saluer aujourd'hui, Messieurs, un magnifique exemple. Mais, avant tout, permettez-moi de vous faire remarquer que c'est à l'esprit d'ordre, à l'habitude du travail, à la persévérance dans l'effort, au désir légitime de la fortune laborieusement acquise, que notre commune doit sa tranquillité dans les plus mauvais jours. Nous touchons aux remparts de la grande ville, mais les vents qui soufflent de Paris passent au-dessus de nos têtes sans même les effleurer.

L'homme dont nous inaugurons le buste en ce jour, dans notre hôtel de ville, est bien l'un des nôtres par toutes ses qualités. J'ajoute que, parmi ceux qui me font l'honneur de m'écouter, quelques-uns portent son sang dans leurs veines.

Aux générations nouvelles il faut apprendre ce que fut cet homme de bien, et je n'ai pour cela qu'à grouper, en peu de mots, des souvenirs que nous autres, ses contemporains, nous avons pieusement gardés.

Jean-Étienne-Alexis Pesnon est né à Montreuil-sous-Bois, le 4 juin 1788. Sa jeunesse laborieuse n'eut rien de remarquable. Pour nous, les deux premiers tiers de la vie forment une période uniforme et la même pour tous : les jours succèdent aux jours, la peine à la peine ; et le bien-être avec ses loisirs sans regrets est un fruit de notre automne, et souvent tardif.

Nous n'avons pu découvrir la raison qui, sous le premier empire, l'exempta du service militaire alors imposé à tous. Toujours est-il qu'il épousa, le 14 décembre 1807, à l'âge de dix-neuf ans et demi, mademoiselle Marie-Rose-Adélaïde Danquechin-Dorval, une digne et courageuse compagne de dix-huit ans, qui devait s'associer à ses œuvres charitables et que nous associons, nous, à son mari, dans le même sentiment de reconnaissance profonde.

Les Danquechin-Dorval avaient été récemment jetés dans Montreuil par un vent d'orage. Le grand-père de Marie-Rose était mort gentilhomme de service à la cour des rois de France, et son père, qui, sans doute, eût eu la survivance de la charge, avait succombé en 1794, dans le naufrage où s'engloutit la noblesse française avec ses priviléges et ses grandes situations. Le domestique qu'il avait gardé, auquel plutôt, par un retour des choses humaines, il avait confié sa vie, l'avait dénoncé par intérêt et fait ainsi monter à la guillotine.

L'orpheline éperdue avait trouvé contre la tourmente révolutionnaire un refuge dans Montreuil, où la Providence lui ménageait, comme compensation, un mariage heureux avec la fortune.

Les jeunes mariés travaillèrent coude à coude, cœur à cœur, pour mieux dire, pendant dix-sept années, sans se préoccuper d'autre chose. Ce n'est qu'en 1824 qu'Étienne Pesnon entra, pour n'en sortir qu'à la mort, au conseil municipal de Montreuil.

En 1830, il fut nommé capitaine de la garde nationale, et ne déposa ses épaulettes qu'en 1845, au décès de sa femme.

Voilà, Messieurs, toute la vie publique d'Étienne Pesnon : vingt-huit années de conseil municipal et quinze années de garde nationale comme capitaine. Double fonction qui dénote du dévoûment et de l'abnégation, nous le savons tous maintenant; double honneur aussi, si l'on veut, mais honneur bien lourd et parfois aussi redoutable.

Il faut dire qu'Étienne Pesnon avait un moyen à lui de se rendre le commandement facile en se faisant le père et l'ami de ses hommes. Il habillait à ses frais les nécessiteux, et sa compagnie devint bientôt un modèle de tenue et de discipline.

Je note ces largesses à l'honneur de notre regretté compatriote, et j'ajoute qu'en raison de ce fait même la tradition lui a donné une sorte de physionomie originale.

Ah! Messieurs, les originaux de cette nature courent le risque de rester longtemps sans copie, car la munificence n'est pas une originalité vulgaire, et l'on en peut citer l'exemple sans en redouter la contagion.

Étudions maintenant dans sa vie privée cet homme qui nous appartient tout entier aujourd'hui.

Secondé par sa digne et bienveillante compagne, Étienne Pesnon n'a pas attendu l'heure des distinctions honorifiques pour répandre ses largesses dans la commune. Dès sa jeunesse, il avait pris l'habitude de distribuer des secours aux malheureux du pays, et sa discrétion délicate ne permit pas toujours de savoir à quelles misères, à quelles infortunes imméritées sa charité tendait la main. Mais il était de notoriété courante que sa maison formait une sorte de bureau de bienfaisance à la porte duquel on ne frappait jamais en vain.

Cette charité large et discrète du jeune ménage est restée légendaire à Montreuil.

Étienne Pesnon ne devait pas toute sa fortune au travail de ses mains. Il avait reçu de son père un patrimoine important, qu'il n'avait fait qu'agrandir. L'église devait déjà aux largesses gracieuses de la famille ces boiseries du chœur qui sont un cadeau princier, et le Ciel, depuis quelques générations, semblait vouloir ne pas être en reste avec ces patriarches du terroir, car plus leurs mains aumônières s'ouvraient pour donner, plus leur travail fructifiait sous la bénédiction d'en haut.

Entre autres immeubles dans Montreuil, Étienne Pesnon, vous le savez, possédait un domaine hors ligne dans la rue Marchande, domaine de gros rapport auquel il avait conféré le baptême que lui-même avait reçu de ses concitoyens. Les témoins de son travail intelligent, les gens secourus, les admirateurs de sa charité, peut-être aussi quelques envieux, car les gens de bien en ont comme les autres, avaient surnommé le cultivateur de la rue Marchande le *Seigneur*.

Le domaine s'appelait donc la *Seigneurie*.

Ce titre, Étienne y tenait naïvement pour lui-même et pour son domaine ; il y tint, sans en discuter l'origine, jusqu'à la fin de ses jours, et voulut même le perpétuer dans le pays. La fontaine publique qui borde la propriété, léguée par son testament à la commune, porte officiellement le nom de *fontaine du Seigneur* depuis une douzaine de jours, d'après le vœu formel du donateur.

De ce domaine de la Seigneurie et de ses autres propriétés le nouveau seigneur du village tirait un revenu considérable, et les anciens du pays nous racontent que chaque jour il envoyait, dans la saison, jusqu'à dix mille pêches à la halle de Paris.

Les pêches..... Ah ! Messieurs, il faut pourtant bien en parler, même à Montreuil, même entre nous autres qui leur devons ce que nous sommes. Paris et les étrangers peuvent en sourire ; c'est l'éternelle histoire du renard en présence de fruits trop haut placés, — mais du renard qui payerait un million pour manger nos pêches savoureuses.

Nous, Messieurs, nous avons le droit d'être fiers de cette culture qui nous rend en fortune et en notoriété la peine qu'elle nous coûte ; le sol n'a pas tout fait pour la rendre célèbre ; il a fallu chez nos pères de l'observation patiente, un travail persévérant, de l'intelligence, du génie même, pour faire de nos côtières ce qu'elles sont devenues : une richesse unique au monde !

L'un des premiers chez nous, Étienne Pesnon avait deviné l'importance capitale du pêcher pour la fortune de son pays. Non-seulement il le cultivait avec amour, non-seulement il l'améliorait et cherchait sans cesse le mieux, — qui n'est pas l'ennemi du bien, — mais encore il admirait et encourageait les efforts de ses voisins dans le même sens.

Chaque année, l'une de ses plus grandes fêtes, disait-il, était de réunir quelques amis et d'aller visiter avec eux les principaux jardins du pays, celui d'Alexis Lepère surtout, notre modèle et notre orgueil. Son admiration, loin de rester platonique pour le grand maître de l'espalier, se traduisit par un legs de deux mille francs, ainsi que nous le verrons tout à l'heure en énumérant ses principales dispositions testamentaires.

Telle est, Messieurs, l'origine de ces pèlerinages scientifiques qui nous amènent chaque année, de toute la France et de l'étranger, d'innombrables admirateurs de nos côtières et de nos incomparables jardins.

J'en ai fini avec la biographie d'Étienne Pesnon. J'ai peut-être abusé de votre indulgente patience en rappelant tous les détails recueillis sur son compte. Mais cette vie honnête dans son obscurité, cette existence laborieuse, c'est la vôtre, c'est la mienne, c'est celle de nous tous ici. Pesnon, qui tient à tant de familles de Montreuil par le sang, et à tout le monde du pays par ses mœurs et ses habitudes, n'est sorti de son milieu que par des largesses considérables.

Et j'en prends occasion d'énumérer sommairement ses bienfaits, ceux du moins qui touchent à l'intérêt général de la commune.

Dès le 18 mai 1844, madame Pesnon, devançant son mari de huit années dans cette voie généreuse, laissait par testament à la commune de Montreuil une somme de cinq mille francs.

Premier et riche appoint de ce que M. Pesnon devait léguer lui-même le 15 novembre 1852.

Le testament qui porte cette date, entièrement de la main d'Étienne Pesnon, est une œuvre réfléchie, consciente; il y prévoit tout, arrange tout, pourvoit aux détails, tranche d'avance les difficultés possibles et dit bien clairement ce qu'il veut dire.

Écoutez cette nomenclature :

1° Legs à la commune du domaine de la Seigneurie, les bâtiments avec trois hectares de jardin.

Rappelons tout de suite que le prix courant d'un hectare de jardin chez nous est d'environ trente mille francs.

2° Legs à ladite commune d'une somme de cinq mille francs espèces.

3° Legs à l'église de la paroisse d'un immeuble situé rue aux Ours, 62, devenu depuis lors une salle d'asile.

4° Autre legs de cinq mille francs à la même église.

5° Legs d'une somme de deux mille francs à M. Alexis Lepère, à titre de récompense des services qu'il a rendus à Montreuil en perfectionnant la culture du pêcher.

Les diverses obligations imposées à la commune et à l'église de Montreuil dénotent un esprit très-lucide et surtout très-préoccupé du bon emploi des donations.

Une de ces principales obligations, vous le savez, Messieurs, est l'institution de cette fête annuelle de la Rosière, qui complète si heureusement les fêtes ordinaires de la commune. C'était créer pour nos jeunes filles l'émulation de la bonne conduite, et le donateur n'eut garde de l'oublier.

Étienne Pesnon tenait sans doute à ce que la mairie fût installée sur le domaine de la rue Marchande ; mais je n'ai point à juger ici les inconvénients que l'exécution de son désir eût rencontrés ; la commune légataire, j'en ai la conviction, a fait le possible pour rester dans les termes du testament, quoiqu'il soit toujours regrettable d'interpréter les dernières volontés d'un mort.

Quant à l'exécution un peu tardive de certaines recommandations du testateur, elle s'explique d'elle-même par des préoccupations d'une autre nature; j'aurais d'ailleurs mauvaise grâce à la reprocher aux administrations précédentes, puisque l'honneur m'était réservé de donner satisfaction pleine et entière à un simple vœu de notre regretté compatriote.

J'arrive enfin, Messieurs, au point le plus délicat de cette esquisse rapide, et je voudrais m'arrêter court; mais vos souvenirs ont devancé ma parole.

Étienne Pesnon mourut le 7 décembre 1852.

Disons les choses simplement, comme elles se passèrent, sans en rechercher les causes dans n'importe quel ordre d'idées. Le secret de ces morts-là n'appartient qu'à Dieu !

Vingt-deux jours après avoir signé ses volontés

dernières, dans la nuit du 6 au 7 décembre 1852, Étienne Pesnon, protégé par les ténèbres, s'était dirigé furtivement vers la mairie et avait glissé sous la porte d'entrée principale une copie de son testament, puis était rentré chez lui.

Quelques heures plus tard, il avait rompu de sa propre main le fil de ses jours, et ouvert ainsi prématurément sa riche succession.

Inclinons-nous, Messieurs, devant ces désespoirs qui tuent. Quel que soit le motif qui fit au vieillard égaré cette fin violente, il faut bien se dire que sa mémoire n'en doit compte à personne ici-bas.

Et maintenant, Messieurs, un dernier mot pour finir. J'ai à peine besoin de vous dire qu'un vain orgueil n'est entré pour rien dans les motifs qui m'ont fait porter ici la parole. Le hasard des démissions et des chutes m'a placé, bien à regret de ma part, à la tête de votre municipalité, et le devoir m'incombait de présider cette cérémonie municipale et de rendre à la mémoire d'Étienne Pesnon cet hommage public.

Grâce à votre indulgence, ce devoir m'a été facile, et je vous demande la permission d'envisager avec une satisfaction sincère la fin prochaine de mon mandat. Nous avons traversé ensemble des jours difficiles ; j'ai la conscience d'avoir donné mon temps et mes meilleurs soins aux affaires, et notre mairie n'a point, comme toutes celles de la Seine, cherché dans Paris un refuge contre les bombes de l'assiégeant ; j'ai mis la sollicitude que vous eussiez mise vous-mêmes à sauvegarder de tout danger les archives de notre commune. Le péril est passé ; la tranquillité renaît avec le travail.

Ma tâche est donc faite, et je me retirerai le cœur content.

Paris. — Imp. PILLET fils aîné, rue des Grands-Augustins, 5.